BEI GRIN MACHT SICH IHR WISSEN BEZAHLT

- Wir veröffentlichen Ihre Hausarbeit,
  Bachelor- und Masterarbeit

- Ihr eigenes eBook und Buch -
  weltweit in allen wichtigen Shops

- Verdienen Sie an jedem Verkauf

Jetzt bei www.GRIN.com hochladen
und kostenlos publizieren

Bibliografische Information der Deutschen Nationalbibliothek:

Die Deutsche Bibliothek verzeichnet diese Publikation in der Deutschen National-
bibliografie; detaillierte bibliografische Daten sind im Internet über http://dnb.d-
nb.de/ abrufbar.

Impressum:

Copyright © 2008 GRIN Verlag, Open Publishing GmbH
Druck und Bindung: Books on Demand GmbH, Norderstedt Germany
ISBN: 978-3-668-09416-1

Dieses Buch bei GRIN:

http://www.grin.com/de/e-book/122405/lyrik-im-unterricht-didaktische-grundlegung-
und-unterrichtspraktische

Lisa Sangmeister

Lyrik im Unterricht. Didaktische Grundlegung und unterrichtspraktische Hinweise

GRIN Verlag

GRIN - Your knowledge has value

Der GRIN Verlag publiziert seit 1998 wissenschaftliche Arbeiten von Studenten, Hochschullehrern und anderen Akademikern als eBook und gedrucktes Buch. Die Verlagswebsite www.grin.com ist die ideale Plattform zur Veröffentlichung von Hausarbeiten, Abschlussarbeiten, wissenschaftlichen Aufsätzen, Dissertationen und Fachbüchern.

Besuchen Sie uns im Internet:

http://www.grin.com/

http://www.facebook.com/grincom

http://www.twitter.com/grin_com

Lyrik im Unterricht - Referatsausarbeitung

Philipps-Universität Marburg

Fachbereich 09: Germanistik und Kunstwissenschaften

Institut für Neuere Deutsche Literaturwissenschaft

MS: Einführung in die Literaturdidaktik

Sommersemester 2008

Abgabetermin: 15.09.2008

Inhaltsverzeichnis

1. Einleitung

In meiner Referatsausarbeitung zum Thema *Lyrik im Unterricht* werde ich mich auf die didaktische und methodische Seite des Themas konzentrieren. Die bedeutende Gegenwartslyrikerin Hilde Domin[1] stellt fest, dass Gedichte im Unterricht noch immer „der besondere Fall" seien (Domin 1996:12) und eine gewisse Scheu der Lehrkräfte im Hinblick auf das Thema Lyrik bestände. Dabei bietet die Behandlung von Lyrik im Deutschunterricht viel Potenzial, welches ich zu Beginn erläutern werde. Darauf folgt ein historischer Überblick der verschiedenen didaktischen Ansätze, beginnend mit dem Ansatz der werkimmanenten Interpretation. Weiterhin werden die aktuellen Verfahren erläutert und diskutiert.

Häufig ist die Abneigung der Schülerinnen und Schüler in einer zu einseitigen Herangehensweise an das Thema Lyrik begründet. Diese Ausarbeitung wird daher Methoden und unterrichtspraktische Hinweise beinhalten, welche die Schülerinnen und Schüler im Umgang mit Lyrik motiviert und darüberhinaus wichtige gattungsspezifische Kenntnisse vermittelt. Abschließend wird eine Unterrichtsmethode vorgestellt, die Handlungsorientierung und Analyse miteinander verbindet.

2. Lyrik im Unterricht: Eine didaktische Legitimation

> „Die Tendenz zur Kürze und Prägnanz bei lyrischer Sprache zwingt den Leser zur genauen Lektüre, zur Beobachtung der Sprache im Text. Darin liegt eine didaktische Dimension: Lyrik zeigt, wie mit wenigen Worten viel gesagt werden kann." (Spinner 2005:6)

Kasper H. Spinner betont insbesondere die Prägnanz lyrischer Texte als Grund für die Behandlung von Gedichten im Deutschunterricht. Durch ihre Prägnanz entwickeln Gedichte eine besondere Ausdruckskraft, die beispielsweise zu einer persönlichen Identifikation mit dem Gedicht führen kann. Diese Identifikation bezeichnet Spinner als eine Art Aha-Erlebnis, das durch bestimmte Gedichte beim Rezipienten ausgelöst wird (Spinner 2005:6) und dieses Aha-Erlebnis sollte Schülerinnen und Schüler nicht vorenthalten werden.

---

[1] 1909-2006

Darüberhinaus spiegeln Gedichte geschichtliche und gesellschaftliche Gegebenheiten auf eine besondere Art und Weise wieder und können teilweise nur durch die Vergegenwärtigung des jeweiligen historischen Hintergrundes verstanden werden. Damit strahlen zahlreiche Gedichte eine „gewissen Rätselhaftigkeit" (Spinner 2005:7) aus, welche die Schülerinnen und Schüler zu einer näheren Beschäftigung mit dem historischen Kontext motiviert. Des Weiteren lernen die Schülerinnen und Schüler „Sinnebenen, die jenseits lexikalischer Wortbedeutungen liegen" (Spinner 2005:8) kennen. Verbunden mit der Prägnanz werden Bedeutungen lyrischer Texte mit Hilfe von zeichenhaften Bezügen, Rhythmen, Zeilengliederung und Syntax hergestellt. Den Schülerinnen und Schülern werden somit „unentdeckte Möglichkeiten der Sprache" (Spinner 2005:8) aufgezeigt, die sich in verschiedenen Sinndimensionen ausdrücken.

3. Didaktische Grundlegung

Das folgende Kapitel gibt einen Einblick in die verschiedenen didaktischen Verfahren im Umgang mit lyrischen Texten im Unterricht. Nach einem historischen Rückblick, werden die unterschiedlichen aktuellen didaktischen Verfahren erläutert und kritisch beleuchtet.

3.1 Historischer Überblick

Die Umsetzung des Themas Lyrik im Deutschunterricht der 50er und 60er war vor allem von der sogenannten werkimmanenten Interpretation geprägt (Spinner 2005:1). Die Schülerinnen und Schüler sollten lyrische Werke als „Gehalt-Gestalt-Einheit" (Spinner 2005:1) wahrnehmen, also den Zusammenhang von Form und Inhalt erkennen lernen. Die Ästhetik und die Gestaltungsprinzipien von Gedichten standen bei dieser Herangehensweise im Vordergrund. Diese Zielsetzung sollte in erster Linie durch das Hören und Sprechen von Gedichten erreicht werden. Zunächst trug die Lehrkraft das Gedicht vor, dann waren die Schülerinnen und Schüler an der Reihe.

Schon in den 60er Jahren entstand ein neuer didaktischer Ansatz, der gattungstheoretische Merkmale in den Vordergrund stellte und damit für eine „größere Sachlichkeit im Umgang mit Dichtung plädiert" (Spinner 2005:2). Der analytisch-interpretative Umgang mit Lyrik beinhaltet das Erkennen von gattungsspezifischen Merkmalen sowie die Analyse und Interpretation von Gedichten. Die Schülerinnen und Schüler sollen hierbei den Umgang mit verschiedenen Gedichts- und Versformen, Metrik, lyrischen Bildformen sowie Satzformen lernen und anwenden. Ziel ist die „selbstständige (analytische) Aufschlüsselung und Interpretation lyrischer Texte" (Urlinger 1980:7). Der analytisch-interpretative Ansatz war bis in die 80er Jahre der vorherrschende Ansatz im Umgang mit Lyrik und wird bis heute praktiziert.

Ein weiterer didaktischer Ansatz der 70er Jahre war vor allem auf die gesellschaftliche Funktion von Gedichten ausgerichtet. Politische Lyrik und der Schlager sollten die Schülerinnen und Schüler zu einem kritischen Umgang mit Literatur schulen (Spinner 2005: 3).

Die aktuelle Didaktik ist vom handlungs- und produktionsorientierten Umgang mit lyrischen Texten geprägt. Dieser Ansatz geht davon aus, dass es von Vorteil ist, wenn Wissen nicht einfach übernommen, sondern „Lösungswege selbst gesucht und Handlungsmodelle entwickelt werden" (Gien 2005:284). Der Ansatz der *Produktionsorientierung* kam ab Mitte 1970 auf und geht davon aus, dass die spezifischen Merkmale und Strukturen von Lyrik durch die Eigenproduktion von Gedichten besonders gut erkannt werden (Gien 2005:285). Seit den 80er Jahren ist der Lyrikunterricht von handlungs- und produktionsorientierten Verfahren geprägt (Gien 2005:283).

3.2 Aktuelle didaktische Ansätze

Eine mögliche Einteilung der aktuellen didaktischen Ansätze liefert Gabrielle Gien. Sie teilt die verschiedenen Herangehensweisen in operative, sinnlich-ästhetische, spielerische und kreative Verfahren ein (Gien 2005: 285-289). Das operative Verfahren bezeichnet das „aktive, produktive Eingreifen des Lesers in einen Text" (Gien 2005:285). Diese produktive Veränderung des Texts kann verschiedene Formen haben. Beim ‚Restaurieren und Antizipieren' setzen sich die Schülerinnen und Schüler vor der Kenntnisnahme des Gedichts mit einzelnen Elementen des Gedichts auseinander, beispielsweise setzten sie ein zerschnittenes Gedicht zusammen. Das ‚Transformieren' geschieht nach der Kenntnisnahme des Gedichts und meint den produktiven Umgang mit dem Gedicht, beispielsweise schreiben die

5

Schülerinnen und Schüler eine Fortsetzung des Gedichts. Das operative Verfahren dient der Hinführung zu formalen Merkmalen der Lyrik. Durch das aktive Einwirken in das Gedicht sollen die Schülerinnen und Schüler die Merkmale von Lyrik erfahren und anwenden. Durch dieses selbstständige Erfahren der Schülerinnen und Schüler ist der Lerneffekt nachhaltiger im Gegensatz zu einer bloßen Präsentation der formalen Fakten.

Das sinnlich-ästhetische Verfahren zielt darauf ab, dass die Schülerinnen und Schüler lyrische Texte als „ästhetische Gebilde" (Gien 2005:286) wahrnehmen. Es wird auch als ganzheitliches Verfahren bezeichnet. Die sinnliche Wahrnehmung wird durch das Lesen und Vortragen von Gedichten geschult. „Die entscheidende Erfahrung mit dem Gedicht spielt sich immer im Inneren des Rezipienten ab" (Payrhuber 1999:46), durch das Vortragen wird diese Erfahrung „öffentlich" gemacht. Darüber hinaus bietet sich das Verbinden verschiedener ‚ästhetischer Künste' an, beispielsweise kann das Gedicht vertont, also mit passender Musik unterlegt, werden. Auch die szenische Darstellung oder die grafische Gestaltung von Gedichten fördert die ‚ästhetische Wahrnehmung' der Schülerinnen und Schüler und verdeutlicht darüber hinaus die Mehrdeutigkeit und Subjektivität von lyrischen Texten.

Ein weiteres Verfahren ist der spielerische Umgang mit Gedichten. Sprachspiele und Nonsensgedichte laden zum spielerischen Umgang mit Gedichten ein und bieten sich besonders für Partner- und Gruppenarbeiten an (Gien 2005:287). Spiele auf der Ebene der Grapheme bis hin zu Spielen auf der Ebene der Syntax ermöglichen den Schülerinnen und Schülern einen ersten Einstieg in die formalen Besonderheiten von Lyrik. Auch hier ist der Effekt nachhaltiger, als bei einer bloßen Präsentation der Fakten.

Der kreative Zugang zur Lyrik beinhaltet das Selberschreiben von Gedichten. Fantasiereisen, mind-maps und Schreibspiele eignen sich um einen ersten Zugang zum kreativen Schreiben herzustellen. Man kann zwischen gebundenen und freien Formen kreativen Schreibens unterscheiden, wobei sich die freien Formen eher für ‚fortgeschrittene Kreativschreiber' eignet.

3.3 Kritische Einwände

Neben den vorgestellten Vorteilen des handlungs- und produktionsorientierten Umgangs mit lyrischen Texten gibt es auch Kritikpunkte, welche die Fachdiskussion beschäftigen (Gien 2005:289). Zum einen bestünde die „Gefahr des Dilettantismus" (Gien 2005:289), wenn Schülerinnen und Schüler selbst zu Lyrikern werden und eigene Gedichte verfassen. Uns interessierte an dieser Stelle die Meinung des Plenums, daher stellten wir diese Frage zu Diskussion. Die „Gefahr des Dilettantismus" konnte von den Seminarteilnehmer/innen einstimmig nicht bestätigt werden. Durch den kreativen Zugang erfahren die Schülerinnen und Schüler die gattungsspezifischen Merkmale. Darüberhinaus bezeichnet Lyrik einen sehr subjektiven und kreativen Prozess, den die Schülerinnen und Schüler nur durch das eigene Ausprobieren wirklich kennenlernen können. Wenn man Lyrik als ein „Medium der Auseinandersetzung mit Subjektivität" (Spinner 2005:17) definiert, dann gibt es kein ‚richtig' oder ‚falsch' und folglich auch keine Wertung wie ‚dilettantisch' (vgl. Bewertung). Auch der Kritikpunkt, dass die Eigengesetzlichkeit literarischer Texte durch eine Veränderung durch die Schülerinnen und Schüler (vgl. Operatives Verfahren,3.2) zerstört würde, wurde im Seminar entkräftet. Vielmehr würden die Eigengesetzlichkeiten von literarischen Texten durch das operative Verfahren (‚restaurieren, antizipieren und transformieren') verdeutlicht und erfahrbar gemacht.

Der größte Kritikpunkt ist, dass der handlungs-und produktionsorientierte Unterricht in Beliebigkeit ausarten kann (Gien 2005:289). Um eine solche Beliebigkeit zu verhindern, muss der Lyrikunterricht ausführlich geplant sein. Insbesondere beim kreativen (produktiven) Zugang zur Lyrik ist auf eine genaue Fragestellung zu achten, damit kreative Prozesse bei den Schülerinnen und Schülern in Gang gesetzt werden. Es reicht definitiv nicht aus, wenn die Aufgabenstellung lautet ‚Schreibe ein Gedicht zum Thema Frühling', besonders dann nicht, wenn die Schülerinnen und Schüler noch ungeübt im Umgang mit freien kreativen Formen sind. Gebundene Formen, wie das Akrostichon[2], geben Sicherheit und lassen durch die ‚Beschränkung des Möglichen' tolle Ergebnisse entstehen.

Günter Waldmann plädiert für einen Lyrikunterricht, der „eigenes Schreiben und die Erfahrung der Lyrik und lyrischer Formen" (Waldmann 1998:274) miteinander verbindet. Auch wenn der handlungs- und produktionsorientierte Unterricht viele Vorteile hat, sollte der Lyrikunterricht nicht ausschließlich produktionsorientiert sein (Waldmann 1998:275):

---

[2] Akrostichon (Pfenniggedicht): zu jedem Buchstaben eines Wortes (Name, Thema) wird ein inhaltlich passender Begriff oder Satz gesucht

„Neben dem *produktiven* Umgang mit Lyrik muß ein Umgang mit ihr stehen, der sich im Erlesen, Erspielen, Erleben, im Nachsinnen und Betrachten, in Analyse und Reflexion und Kritik auf sie einläßt und sie deutend zu verstehen sucht, muß ein *analysierender und interpretierender Umgang* mit Lyrik stehen." (Waldmann 1998:275)

Dieser Aussage Waldmanns bestimmte das Plenum zu. Zwar müssen die Möglichkeiten des handlungs- und produktionsorientierten Unterrichts genutzt werden, doch die Schülerinnen und Schüler sollen darüber hinaus den analytisch-interpretativen Umgang mit Lyrik kennenlernen und anwenden können. Die beiden Verfahren sollten sich Idealfall ergänzen (Waldmann 1998:275).[3]

Problematisch ist außerdem die Schülerbewertung bei produktiven Verfahren, die sich laut Spinner nur schlecht bewerten lassen. Eine Bewertung ist ein Widerspruch zum freien kreativen Schreiben, bei dem es eigentlich kein ‚richtig' oder ‚falsch' gibt und kann darüberhinaus demotivierend auf die Schülerinnen und Schüler wirken. Mögliche Kriterien für eine Bewertung können jedoch die Einhaltung formaler Kriterien, beispielsweise beim Schreiben eines Rondells, sein oder auch die Verwendung bildhafter Sprache. Besonders bieten sich das Anlegen einer Gedichtmappe (Lyrikheft) und die Bewertung des Gesamteindrucks an (Waldmann 1998:176).

4. Unterrichtspraktische Hinweise

In diesem abschließenden Kapitel werden unterrichtspraktische Hinweise zu den unter 3.2 vorgestellten aktuellen didaktischen Verfahren formuliert. Des Weiteren wird eine Unterrichtsmethode vorgestellt, die Handlungsorientierung und Analyse miteinander verbindet.

4.1 Unterrichtsmethoden

Das sinnlich-ästhetische Verfahren zielt darauf ab, dass die Schülerinnen und Schüler die lyrischen Texte als ästhetische Gebilde wahrnehmen (Gien 2005:286). Im Rahmen dessen bietet sich das Vortragen von Gedichten an passenden oder kontrastierenden Orten, auch außerhalb der Schule, an. Durch das Ausprobieren von verschiedenen Sprechweisen (fröhlich, traurig, aufgeregt...) kann das Vortragen von

---

[3] Beispiel siehe 4.2

Gedichten geübt werden. Darüberhinaus wird verdeutlicht, dass jeder Sprecher durch sein individuelles Lesen ein persönliches Verständnis zum Ausdruck bringt. Spinner empfiehlt Unsinnverse, Kindergedichte und Lautgedichte zur Übung des monologischen Lesens. Diese dienen zum einen der Sprechschulung, zum anderen kommen die Gedichte je nach Leser in unterschiedlichen Weisen zur Geltung.

Eine weitere Methode des sinnlich-ästhetischen Verfahrens ist die szenische Gestaltung von Gedichten beispielsweise durch Standbildern zu einzelnen Verszeilen, durch Pantomime oder durch Puppen- oder Marionettenspiel. Besonders motivierend bei älteren Schülerinnen und Schüler wirkt die Erstellung eines Videoclips zu einem Gedicht. Technikbegeisterte Schülerinnen und Schüler können hierbei als Experten dienen und die Rolle des Regisseurs übernehmen.[4]

Die Vertonung von Gedichten ist eine geeignete Methode, bei welcher der eigentliche Gewinn im Prozess der Reflexion beim Finden der passenden Musik liegt (Payrhuber 1996:83).

Die visuelle Gestaltung von Gedichten ist eine weitere Methode des ganzheitlichen Verfahrens. Beispielsweise kann ein Bild, eine Collage oder eine Schachtel zu einem Gedicht hergestellt werden, das die Aussage des Gedichts unterstützt oder kontrastiert.

Beim kreativen Schreiben von Gedichten kann man zwischen dem Schreiben nach formalen Vorgaben (gebundene Form) und dem freien Schreiben unterscheiden. Ein geeigneter Einstieg in das kreative Schreiben können beispielsweise eine Ideensammlung oder eine Fantasiereise zum Thema sein, da auf diese Weise erste Assoziationen zum Thema ‚geweckt' werden. Zum Einstieg in die Produktion eigener Texte eignen sich kleine überschaubare Formen wie Akrostichon (Pfenniggedicht), Rondell, Elfchen und Haik. Diese Gedichtsformen bieten durch ihre klaren Strukturen Sicherheit und die Schülerinnen und Schüler können mit wenig Schreibaufwand, Erfolge erzielen (Gerstenmaier, Grimm 2003:174). Eine klare Aufgabenstellung ist insbesondere zu Beginn des kreativen Schreibens entscheidend, da zu offene Aufgabenstellungen demotivierend und überfordernd wirken können. Wenn die Schülerinnen und Schüler mehr Erfahrung mit produktionsorientierten Aufgabenstellungen haben, kann man zu freien Formen

---

[4] Beispiele finden sich unter: http://de.youtube.com/watch?v=oJCheljH0iY – Videoclip zu Richard Zoozmann: Das Glück

übergehen. ‚Freie Formen' bezeichnen das Schreiben von Gedichten zu beliebigen Themen, Jahreszeiten, Stimmungen oder Bildern. Die Schülerinnen und Schüler entscheiden selbst über die Länge und den Stil ihres Gedichts. Eine Methode des freien kreativen Schreibens ist das so genannte ‚automatische Schreiben': Die Schülerinnen und Schüler schreiben beispielsweise spontan über einen Gegenstand aus dem täglichen Leben, danach überdenken sie ihr ‚spontanes Gedicht' und überarbeiten es gegebenenfalls.

4.2 Verknüpfung von Handlungsorientierung und Analyse

Eine Unterrichtsmethode, welche das analytisch-interpretative Verfahren mit Handlungsorientierung verbindet, liefert Günter Waldmann. Anhand der ersten drei Strophen der *Moritat von Mackie Messer* aus Brechts *Dreigroschenoper* sollen die Schülerinnen und Schüler das spezifische Metrum beziehungsweise die Melodie erkennen. Es bietet sich an, den Schülerinnen und Schülern eine Aufnahme der Moritat vorzuspielen, da sie sich so die Melodie besser einprägen können (Waldmann 1998:42). Dann lautet die Aufgabe die Strophen 4-6 passend zum Muster und der Melodie der ersten Strophen zu vervollständigen. Wortvorschläge helfen bei dieser Aufgabe. Die 6. Strophe können die Schülerinnen und Schüler abschließend ohne Vorgaben verfassen. Sie sollte jedoch von ähnlichen ‚Mackie-Messer-Verhältnissen' handeln und eine gemeinsame Ideensammlung ist an dieser Stelle von Vorteil (Waldmann 1998:42). Mit dieser Unterrichtsmethode werden die Schülerinnen und Schüler mit den lyrischen Analysenmethoden vertraut gemacht. Doch dann werden sie selber tätig und wenden das Gelernte an. Damit erfüllt diese Methode Waldmanns Forderung nach einer Ausgeglichenheit zwischen Handlungsorientierung und Analyse.

5. Literaturverzeichnis

Gien, Gabrielle (2005): Lyrische Texte und ihre Didaktik. In: Lange, G.; Weinhold, S. (Hrsg.): Grundlagen der Deutschdidaktik. Baltmannsweiler, S. 273-296.

Waldmann, Günter (1998): Produktiver Umgang mit Lyrik. Eine systematische Einführung in die Lyrik, ihre produktive Erfahrung und ihr Schreiben. Baltmannsweiler: Pädagogischer Verlag Burgbücherei Schneider.

Payrhuber, Franz-Josef (1996): Gedichte im Unterricht – einmal anders. Praxisbericht mit vielen Anregungen für das fünfte bis zehnte Schuljahr. München: Oldenburg.

Domin, Hilde (1996): Wozu Lyrik in der Schule? In: Payrhuber, Franz-Josef: Gedichte im Unterricht – einmal anders. Praxisbericht mit vielen Anregungen für das fünfte bis zehnte Schuljahr. München: Oldenburg.

Reclam: Literaturwissen. Kreatives Schreiben 111 Übungen

W. Gerstenmaier, S. Grimm (2003): Praxishandbuch Deutsch. Sprechen – Schreiben – Lesen. Berlin: Cornelsen.

Urlinger, Josef (1980): Stundenblätter. Einführung in die Lyrik für die Sekundarstufe I. Stuttgart.

Rondell zum Thema Frühling

Schreibe ein Rondell zum Thema Frühling. So geht's!

*   Überlege dir fünf Sätze, die du mit dem Thema „Frühling" verbindest.
Schreibe diese in die fünf freien Zeilen.

----

*   Lies dir deine fünf Sätze aufmerksam durch und schreibe den Satz, der dir am wichtigsten ist in die zweite, vierte und siebte Zeile deines Rondells (immer den gleichen Satz)! Dies ist dein Refrain.

*   Fülle nun die restlichen Zeilen mit deinen übrig gebliebenen Sätzen aus.

Entscheide dich nun für eine Überschrift und einen Abschlusssatz passend zu deinem Rondell

entworfen von: Lisa Sangmeister